簡単! すぐ作れて、もちもちおいしい♥

国産 米粉のパン & お菓子

料理研究家・管理栄養士
村上祥子

永岡書店

contents

米粉に夢中！ 米粉でトライ！ ……4
米粉って、どんな粉？ ……5
今話題のおすすめ米粉 ……6
米粉パン＆お菓子作りのポイント ……8

米粉のパン ……9

プチパン ……10
ごまナッツパン ……18
青菜食パン ……20
レーズンパン ……22
ウインナーロール ……24
あんパン ……26
焼きカレーパン ……28
ピザ ……30
ふわふわ卵パン ……32
混ぜるだけ食パン ……34
アレルギー対応食パン ……36

米粉パン質問箱 ……40

米粉のお菓子 ……43

ヴィクトリアサンドケーキ ……44
ロールケーキ ……48
パウンドケーキ ……52
チョコレートとレーズンのブラウニー ……54
チーズケーキ ……56
カップケーキ3種 ……58
米粉のきなこドーナッツ ……60
さつまいもの蒸しケーキ ……62

この本の決まり

- 小さじ1は5ml、大さじ1は15ml、1カップは200mlです。いずれもすりきりで計量しています。
- 材料表中の米粉は製菓用米粉（またはケーキ用米粉など）と表示されているもの、製パン用は製パン用米粉（またはパン用ミックス米粉など）と表示されているものを使用します。
- 卵はLサイズ（約60g）を基準にしています。
- オーブン、電子レンジなどはご使用の機種の使用説明書をよくお読みのうえ、正しくお使いください。
- 電子レンジは600Wと500W使用の場合の加熱時間を表示しました。電子レンジ弱は100～200W、または解凍キーとなります。

米粉に夢中！
米粉でトライ！

小麦価格の高騰によるパンや麺の値上がりに加え、
輸入食品の安全性への信頼が揺らぐ中、米食回帰が加速。
小麦粉の代わりに米粉の需要も広がっています。

米は大きく分けて、うるち米ともち米があります。
もち米から作る粉の白玉粉は、
夏のつるりと冷たいのどごしのだんごでおなじみのもの。
そして現在注目されているのが、うるち米を微細粉末にした米粉です。
学校給食の地産地消の動きに合わせ、ここ数年、
各地で特産米を微細米粉にした米粉パンの採用が検討されるようになり、
私たちも米粉の入手が楽になりました。

10年前に開発した電子レンジの弱で30秒加熱のパン作りのテクを
米粉パンに応用すると、40分足らずで米粉パンが焼き上がります。
先日、東京ビッグサイトで米粉パンのイベントがあったのですが、
3日間実演したところ大評判でした。

「すべて国産」、そしておいしい！と、米粉パンの注目度は上がるばかりです。
パンだけでなく、米粉でスポンジを焼くとなめらかな口溶けで、
ふだん甘いものは苦手とおっしゃる殿方も、思わずペロリ。

本書『簡単！　国産米粉のパン＆お菓子』には、厳選した19点をご紹介します。
誰もがとりこになる米粉パンとお菓子！
ぜひ、お試しください。

村上祥子

米粉って、どんな粉?

米粉の種類

米を製粉したものは、広い意味ですべて「米粉」です。昔から日本人の食生活には欠かせない粉でもあります。代表的なものに、上新粉や白玉粉、餅粉、道明寺粉などがあります。そして、最近、狭義で「米粉」と呼ばれているのが、粒子が従来の品より細かい、微細粉末のものです。これは小麦粉の代わりとして、ケーキなどにも使用でき、「製菓用米粉」「料理・製菓用米粉」などとも言われます。また、微細粉末の米粉に小麦グルテンなどを配合したものが「製パン用米粉」です。

米粉の特徴

米粉と小麦粉の大きな違いはグルテンができるか、できないかです。小麦粉に水などを加えてこねると、グルテンが形成され、これが生地に弾力や粘着性を生み、パンなどが膨らんだり、麺などにこしを出してくれました。米粉はこのグルテンができないため、小麦粉ほど加工食品が作りにくかったのです。しかし、グルテンはパンなどを膨らますのには重要ですが、こね過ぎると粘りが出て、生地が硬くなったり、重たくなったりします。米粉ならグルテンができない分、軽く、やわらかい生地に仕上げることができるわけです。ケーキなどのレシピでよく「こねないで切るように混ぜる」とか、「粘りをださないようさっくりと」という注意書きがありますが、米粉ならその心配はありません。

今話題のおすすめ米粉

この本では100%米粉の料理・製菓用米粉（材料表では、米粉と表記）と、小麦グルテンなどを加えてある製パン用米粉を使いました。材料の米はすべて国産米を使用のおすすめの米粉をご紹介します。

米粉（料理・製菓用米粉）

微細粉末の米粉。小麦粉（薄力粉）と同様に使用できる。お菓子のほか天ぷらやお好み焼き、餃子の皮など各種料理に。

料理・製菓用 米粉
1kg
国産うるち米100%使用。
片山製粉（株）

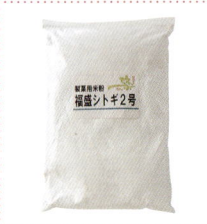

福盛シトギ2号
2kg・1kg×2
新潟県産のうるち米100%使用。
グリコ栄養食品（株）

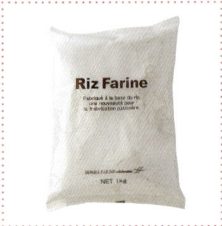

リ・ファリーヌ
1kg
国産うるち米100%使用。
群馬製粉（株）

リ・ブラン 米の粉
250g
北海道産うるち米100%使用。
共立食品（株）

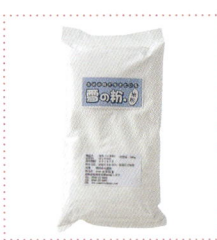

雪の粉
400g
原料の米は北海道のほしのゆめ。(有)大和納華

きらゆき ケーキ用
300g
新潟県産のこしひかり使用。
新潟製粉（株）

白兎米粉シフォン・ロール
180g
国産うるち米100%使用。
（株）淡路製粉

ケーキ用米粉
1kg
宮城県産の米を100%使用。
(有)菅原商店

製パン用米粉

微細粉末の米粉に、ふっくらしたパンにするために、小麦グルテンなどを加えたもの。配合はそれぞれのメーカーで異なる。

パン用 米粉ミックス 20A
1kg
国産うるち米に小麦グルテン、麦芽糖をプラス。片山製粉(株)

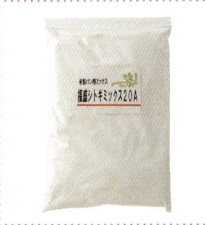

福盛シトギミックス
2kg・1kg×2
国産うるち米に小麦たんぱく、麦芽糖を配合。グリコ栄養食品(株)

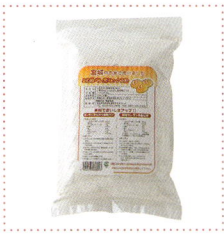

こめ粉パン用ミックス粉
宮城県産うるち米 80%、小麦グルテン 17.5%、麦芽糖 2.5%。(有)菅原商店

JA 米粉ミックス粉
2kg
新潟県産米粉に小麦グルテンなどをプラス。JA全農にいがた生活部

きらゆき パン用
300g
米粉、小麦たんぱく、糖質、脱脂粉乳などを加えたミックス粉。新潟製粉(株)

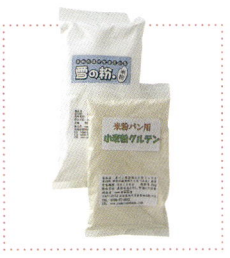

雪の粉＋米粉パン用小麦粉グルテン
300g＋80g
米粉に好みの量の小麦グルテンが加えられるセット。(有)大和納華

米粉お問い合わせ先 (五十音順)

スーパーなどの店頭、ネット販売など、それぞれ購入方法などが違いますので、お問い合わせの上ご確認ください。

(株)淡路製粉 ● 秋田県潟上市昭和乱橋字開上関田 122
　　　　　　　Tel 0120-773290 ● http://www.awajiseifun.co.jp
片山製粉(株) ● 大阪府八尾市亀井町 2-4-44
　　　　　　　Tel 072-922-7532 ● Fax 072-994-2875 ● http://www.katayama-seifun.co.jp
共立食品(株) ● 東京都台東区東上野 1-18-9 ● Tel 03-3831-0870 ● http://www.kyoritsu-foods.co.jp
グリコ栄養食品(株) ● 大阪府高槻市春日町 7-16 ● Tel 072-670-2317 (食品原料事業部 営業部)
　　　　　　　Fax 072-670-2323 ● http://www.glico.co.jp
群馬製粉(株) ● Tel 0279-22-3302 ● Fax 0279-22-3306 ● http://www.5783.jp
JA全農にいがた生活部 ● 新潟県新潟市西区山田 2310番地15
　　　　　　　Tel 025-232-1621 ● Fax 025-232-1625 ● http://www.nt.zennoh.or.jp
(有)菅原商店 ● 宮城県加美郡加美町字赤塚10-1
　　　　　　　Tel 0229-63-2646 ● Fax 0229-63-6776 ● http://www.sugawara-komeko.net/
新潟製粉(株) ● 新潟県胎内市近江新 319番地 ● Tel 0254-47-3522 ● http://www.kom-sweets.jp/
(有)大和納華 ● 北海道旭川市東鷹栖3線19号
　　　　　　　Tel 0166-57-0083 ● Fax 0166-57-0095 ● http://www.yamatonohana.com

米粉パン＆お菓子作りのポイント

1 材料、道具を揃えてから開始

まずは、計量するために材料を冷蔵庫から出します。室温にしばらくおいてからスタート。道具もあらかじめ手元に揃えておくとスムーズに作業が進み、失敗が少なくなります。

2 材料はきちんと量りましょう

どんなパン＆お菓子作りでも同じことですが、計量は正確に。特に米粉パンは全体量が少なめの配合。計量の少しの違いで、発酵などでき上がりに差が出てきます。

3 米粉はふるわなくてOK

もともときめの細かい粉なので、特別の場合を除いて、ふるう必要はありません。粉にベーキングパウダーやココアなどを混ぜて使用するときは、合わせてから一度ふるいます。

4 発酵や焼き時間は様子を見て

季節によって、また台所の環境によって、パン生地の発酵の具合は違ってきます。お菓子などの焼き具合もオーブンによりまちまち。それぞれ様子を見つつ、作ってみてください。

Let's start!

米粉のパン

米粉のパンは生地が扱いやすく、
初心者でも安心してチャレンジできます。
しかも電子レンジ発酵のラクラク作り。
発酵させるときは、暖かい場所で、乾燥させないように
注意することがポイントです。
皮はカリッと、中はもっちりした食感。
また、いろいろなおかずに合うので、
デイリーパンとして活躍しそう。

プチパン

一番ベーシックなこのパンで、
米粉パンの基本生地をマスター。
製パン用米粉を使用して、
初心者でも失敗なく作れるレシピです。

✳︎ 材料
6個分
基本の米粉パン生地
　　製パン用米粉……100g
　　牛乳……90ml
　　バター……小さじ2（8g）
　　塩……小さじ1/5（1g）
　　砂糖……大さじ1（9g）
　　ドライイースト……小さじ1（4g）
打ち粉用の米粉……適量

切り口は……

1 温める

1辺が14cm程度の耐熱樹脂容器（「ジップロックコンテナー」®角大）に牛乳とバターを入れ、電子レンジ600Wで20秒（500Wで30秒）かけ、人肌（約37℃）程度に温める。

2 溶かす

箸でざっと混ぜて、バターを溶かす。やっとバターが溶ける程度の温度がよいので、熱すぎた場合は少し冷ましてから、次の作業を行う。

生地作り

3 塩、砂糖の順に加える

最初に塩を加え、箸で混ぜる。塩は発酵を妨げるので、イーストを続けて入れないように注意。続いて砂糖を加えて混ぜる。糖分はイーストの発酵を促進させる役目がある。

5 混ぜる

残りの米粉を加えて、全体がひとかたまりになるまで、箸でぐるぐるとよく混ぜる。

4 イースト、米粉を加える

ドライイーストを加えて、ざっと広げる。米粉の1/3量を加えて、なめらかになるまで混ぜる。

一次発酵

6 レンジにかける
ふたをしないで、電子レンジ弱（100～200W）、または解凍キーに30秒かける。

7 ひと混ぜする
電子レンジから取り出して、箸でもうひと混ぜし、ねっとりした生地に仕上げる。

8 発酵させる
乾燥しないように、キッチンペーパーを軽くぬらしてかぶせ、容器のふたをする。暖かい場所に置き、約2倍にふくれるまで10～15分ほどおく。

生地がつややかになり、2倍ほどにふくれた状態。一次発酵完了。

成　形

9 打ち粉をする
まな板に打ち粉をする。米粉（料理・製菓用、製パン用どちらの米粉でもよい）をスプーン1杯くらい取り、まな板にのせ、スプーンの背で薄く広げる。

10 打ち粉をつける
8の生地を容器から取り出し、まな板にのせる。ゴムべらで上下を返し、生地全体に打ち粉をつける。

11 ガス抜きをする
軽く押さえてガス抜きをしながら、ゴムべらで切る。たたいたり、強く押したりすると生地が傷むので注意する。

12 分割する
ゴムべらで6等分に切り分ける。

13 まとめる
指先にも軽く打ち粉をつける。切り口を中に巻き込むようにして、丸い形にまとめていく。

14 まるめる
閉じ目を指先でつまんでしっかりと合わせたら、閉じ目を下にして、手のひらを使って、丸く形を整える。

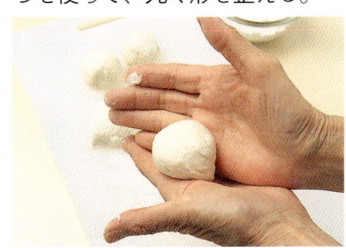

🌱 二次発酵 🌱

15 電子レンジにかける
クッキングシートを敷いた電子レンジ対応の平皿に、まるめた生地を、皿の中央を開けてぐるりとのせる。電子レンジ弱（100～200W）、または解凍キーに30秒かける。

16 並べ直す
クッキングシートごと天板にそっと移す。生地を等間隔に並べ直す。

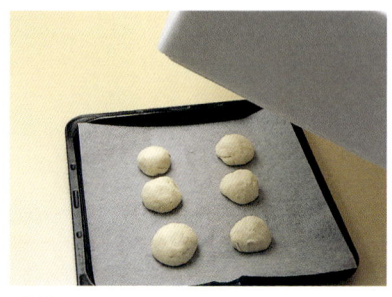

17 発酵させる
生地を乾燥させないように、天板ごと発泡スチロールの箱をかぶせる。暖かい場所に置いて、生地が約2倍にふくれるまで、10～20分おく。時間は季節、置く場所によって、違ってくるので、様子を見ながら発酵させる。

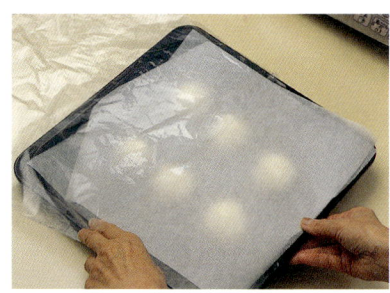

発泡スチロールの箱がない場合。生地の上にもクッキングシートをかぶせ、厚めのポリ袋（またはスーパーの袋）に天板ごとすっぽりと入れて、同様に暖かい場所で発酵させる。

焼く

18 打ち粉をふる
箱をはずし、(または天板をポリ袋から出して、クッキングシートのカバーをはずす)、刷毛で打ち粉用の米粉を均一にふりかける。

20 焼き上がり
12〜15分、薄いきつね色になるまで焼く。米粉パンは小麦粉のパンより、焼き色がつきにくい。薄めの色で焼き上がっている。

19 焼く
200℃に温めたオーブン(段のある場合は中段)に入れる。

ごまナッツパン

プチパンにごまとナッツで香ばしさをプラス
プチプチッとした歯ざわりも心地よい。

✳ 材料
6個分（直径5cmのアルミカップ6個分）
基本の米粉パン生地
　製パン用米粉……100g
　牛乳……90ml
　バター……小さじ2（8g）
　塩……小さじ1/5（1g）
　砂糖……大さじ1（9g）
　ドライイースト……小さじ1（4g）
打ち粉用の米粉……適量
くるみ……4粒
いりごま（黒と白）……各小さじ1

✳ 作り方

1 生地を作る
12ページのプチパンの作り方に従って基本の米粉パン生地を作り、作り方8まで同様に作る。

2 成形する
打ち粉をしたまな板に1をゴムべらで取り出す。生地をゴムべらで軽く押さえてガス抜きをしながら、裏返して全体に打ち粉をつける。ゴムべらで6等分する。切り口を中に巻き込むようにして丸く形を整え、閉じ目はつまんでしっかり合わせる。

3 ごまとくるみをつける
くるみは細かく刻む。小皿に黒ごま、白ごま、くるみを入れる。別の小皿に水少々（材料表外）を入れ、2のお尻をつまんで水をつけ、さらに黒ごまと白ごま、くるみを適量つける（写真Ⓐ）。

4 レンジにかける
クッキングシートを敷いた電子レンジ対応の平皿に、3のごまのついた面を上に並べ、電子レンジ弱（100〜200W）、または解凍キーで30秒加熱する。

5 二次発酵
天板にアルミカップを6つ並べ、4をそれぞれ入れる（写真Ⓑ）。発泡スチロールの箱をかぶせ、暖かい場所に置いて、2倍にふくれるまで10〜20分おく。

6 焼く
200℃に温めておいたオーブンで12〜15分、きつね色になるまで焼く。

切り口は……

✽ 材料

5.5×12cm、深さ4.5cmの
アルミローフ型1個分

基本の米粉パン生地
　製パン用米粉……100g
　牛乳……90ml
　バター……小さじ2（8g）
　塩……小さじ1/5（1g）
　砂糖……大さじ1（9g）
　ドライイースト……小さじ1（4g）
打ち粉用の米粉……適量
小松菜……100g
塩……小さじ1/5

✽ 作り方

1 下準備する

小松菜はみじん切りにして、塩をかけてもむ。しんなりしたら水けをかたく絞る。

2 生地を作る

12ページのプチパンの作り方に従って基本の米粉パン生地を作り、作り方5まで同様に作る。1の小松菜を加えて箸で混ぜる（写真Ⓐ）。

3 一次発酵

電子レンジ弱（100〜200W）、または解凍キーに30秒かける。キッチンペーパーを軽くぬらしてかけ、ふたをして、発泡スチロールの箱をかぶせ、暖かい場所で約2倍にふくれるまで10〜20分ほどおく

切り口は……

4 成形する

打ち粉をした台に取り出し、5×10cmくらいにのばす。

5 二次発酵

12×15cmのクッキングシートにのせ、電子レンジ対応の平皿におき、電子レンジ弱（100〜200W）、または解凍キーで30秒加熱する（写真Ⓑ）。シートごとアルミローフ型に入れ（写真Ⓒ）、発泡スチロールの箱をかぶせ、暖かい場所で約2倍にふくれるまで10〜20分ほどおく。

6 焼く

刷毛で打ち粉をふりかけ、200℃に温めたオーブンで15〜20分、きつね色になるまで焼く。

青菜食パン
米粉のパン生地に相性よしの小松菜入り。
朝ごはんにおすすめのヘルシーパン。

レーズンパン

ほんのり甘いレーズンが米粉パン生地を
引き立てます。毎日でもいい、飽きないおいしさ。

✽ 材料
5.5×12cm、深さ4.5cmの
アルミローフ型1個分
基本の米粉パン生地
　製パン用米粉……100g
　牛乳……100ml
　バター……小さじ2（8g）
　塩……小さじ1/5（1g）
　砂糖……大さじ1（9g）
　ドライイースト……小さじ1（4g）
打ち粉用の米粉……適量
レーズン……30g

✽ 作り方

1 下準備する
レーズンは細かく刻んでおく。

2 生地を作る
12ページのプチパンの作り方に従って基本の米粉パン生地を作り、作り方5まで同様に作る（★牛乳が100mlに増えていることに注意）。1のレーズンを加えて箸で混ぜる（写真Ⓐ）。

3 一次発酵
電子レンジ弱（100～200W）、または解凍キーに30秒かける。キッチンペーパーを軽くぬらしてかけ、ふたをして、発泡スチロールの箱をかぶせ、暖かい場所で約2倍にふくれるまで10～20分ほどおく。

4 成形する
打ち粉をした台に取り出し、直径10×15cmにのばす。手前からくるくると巻く（写真Ⓑ）。

5 二次発酵
12×15cmのクッキングシートにのせ、電子レンジ対応の平皿におき、電子レンジ弱（100～200W）、または解凍キーで30秒加熱する。シートごとアルミローフ型に入れ、発泡スチロールの箱をかぶせ、暖かい場所で約2倍にふくれるまで10～20分ほどおく（写真Ⓒ）。

6 焼く
刷毛で打ち粉をふりかけ、200℃に温めたオーブンで15～20分、きつね色になるまで焼く。

切り口は……

ウインナーロール

パクッとひとくちで頬ばれるミニサイズ。
おやつはもちろんおつまみにも喜ばれそう。

✳ 材料
8個分

基本の米粉パン生地
　製パン用米粉……100g
　牛乳……90ml
　バター……小さじ2（8g）
　塩……小さじ1/5（1g）
　砂糖……大さじ1（9g）
　ドライイースト……小さじ1（4g）
打ち粉用の米粉……適量
ウインナー……8本

✳ 作り方

1 生地を作る

12ページのプチパンの作り方に従って基本の米粉パン生地を作り、作り方8まで同様に作る。

2 分割する

打ち粉をしたまな板に1をゴムべらで取り出す。生地を裏返して全体に打ち粉をつける。ゴムべらで軽く押さえてガス抜きし、8等分する。

切り口は……

3 ウインナーを巻く

めん棒で直径6cmにのばし（写真Ⓐ）、ウインナーをのせてくるりと巻き、生地の巻き終わりと両端を指でとめる（写真Ⓑ）。

4 二次発酵

クッキングシートを敷いた電子レンジ対応の平皿にのせ、電子レンジ弱（100〜200W）、または解凍キーで30秒加熱する。クッキングシートごと天板に移し、等間隔に並べる。天板ごと発泡スチロールの箱をかぶせ、暖かい場所で約2倍にふくれるまで10〜20分おく。

5 焼く

刷毛で打ち粉をふりかけ、200℃に温めたオーブンで12〜15分、きつね色になるまで焼く。

あんパン

米粉生地がしっくりくる、「あんこ」。
正真正銘の和製お菓子パンです。

✲ 材料

6個分

基本の米粉パン生地
　製パン用米粉……100g
　牛乳……90ml
　バター……小さじ2（8g）
　塩……小さじ1/5（1g）
　砂糖……大さじ1（9g）
　ドライイースト……小さじ1（4g）
打ち粉用の米粉……適量
あん（市販品）……150g
黒いりごま……少々

✲ 作り方

1 下準備する

あんは6等分して、丸めておく。

2 生地を作る

12ページのプチパンの作り方に従って基本の米粉パン生地を作り、作り方8まで同様に作る。

3 丸くまとめる

打ち粉をしたまな板に2をゴムべらで取り出す。生地を裏返して全体に打ち粉をつけ、6等分する。切り口を中に巻き込むようにして丸く形を整え、閉じ目はつまんでしっかり合わせる。

4 あんを包む

めん棒で直径6cmにのばし、あんをのせて（写真Ⓐ）、まわりの生地をひっぱり上げながら中央に寄せる。合わせ目をしっかりとめながら、あんを包みこむ（写真Ⓑ）。

5 二次発酵

クッキングシートを敷いた電子レンジ対応の平皿にのせ、電子レンジ弱（100～200W）、または解凍キーで30秒加熱する。クッキングシートごと天板に移し、等間隔に並べる。中央に少しくぼみをつけ、黒ごま少々ずつをのせる。発泡スチロールの箱をかぶせ、暖かい場所で約2倍にふくれるまで10～20分おく。

6 焼く

200℃に温めたオーブンで12～15分、きつね色になるまで焼く。

切り口は……

焼きカレーパン

米粉のパン生地の具は、ご飯に合うおかずならなんでもOK。レトルトのカレーを使って簡単に。

✻ 材料

8個分

基本の米粉パン生地
　製パン用米粉……100g
　牛乳……90ml
　バター……小さじ2（8g）
　塩……小さじ1/5（1g）
　砂糖……大さじ1（9g）
　ドライイースト……小さじ1（4g）
打ち粉用の米粉……適量

A ┌ レトルトカレー（市販品）
　│　……1/2袋（100g）
　│ 米粉……大さじ2
　└ 豆板醤……小さじ1/2

サラダ油……大さじ1

✻ 作り方

1 下準備する

耐熱ボウルにAを入れてよく混ぜる。ふんわりとラップをかけ、電子レンジ600Wで2分（500Wで2分30秒）加熱し、取り出して混ぜて、冷ましておく。

2 生地を作る

12ページのプチパンの作り方に従って基本の米粉パン生地を作り、作り方8まで同様に作る。

3 丸くまとめる

打ち粉をしたまな板に2をゴムべらで取り出す。生地を裏返して打ち粉を全体につけ、8等分する。切り口を中に巻き込むようにして丸く形を整え、閉じ目はつまんでしっかり合わせる。

4 カレーを包む

めん棒で直径6cmにのばす。1を1/8量ずつのせて、まわりの生地をひっぱり上げながら中央に寄せて、合わせ目をしっかりとめる（写真Ⓐ）。

5 フライパンで焼く

フライパンにサラダ油をひき、4の合わせ目を下にして並べる（写真Ⓑ）。ふたをして中火で4分焼き、裏返して、今度は弱火で4分焼いて、両面に火を通す。

切り口は……

ピザ

もちっとした米粉パン生地を生かした一品。
具だくさんでボリューム満点です。

✱ **材料**

直径20cmのもの1個分

基本の米粉パン生地
　製パン用米粉……100g
　牛乳……90ml
　オリーブ油……小さじ2（8g）
　塩……小さじ1/5（1g）
　砂糖……大さじ1（9g）
　ドライイースト……小さじ1（4g）
打ち粉用の米粉……適量
プチトマト……14〜16個
ピーマン……1/2個
玉ねぎ……1/4個
サラミソーセージ（薄切り）……8枚
オリーブ油……大さじ1
塩、こしょう……各少々
モッツァレラチーズ（またはピザチーズ）
　……50g
パセリのみじん切り……少々

✱ **作り方**

1 下準備する

プチトマトはヘタを取って2等分に切る。ピーマンは種を取り、2mm幅の輪切りにする。玉ねぎは2mm幅の輪切りにする。

2 生地を作る

12ページの基本の米粉パン生地のバターをオリーブ油にして、作り方に従って基本のパン生地を作り、作り方8まで同様に作る。

3 のばす

打ち粉をしたまな板に2をゴムべらで取り出す。生地を裏返して打ち粉を全体につける。フォークでところどころ、刺して空気穴を開ける。めん棒で直径20cmくらいにのばす（写真Ⓐ）。

4 二次発酵

クッキングシートを敷いた電子レンジ対応の平皿にのせ、電子レンジ弱（100〜200W）、または解凍キーで30秒加熱する。クッキングシートごと天板に移し、発泡スチロールの箱をかぶせ、暖かい場所で約2倍にふくれるまで10〜20分おく。

5 具をのせる

オリーブ油を表面にぬり、塩、こしょうをふる。プチトマト、玉ねぎ、サラミソーセージの順にのせ、モッツァレラチーズをちぎって散らし、ピーマンものせて（写真Ⓑ）、パセリをふる。

6 焼く

230℃に温めたオーブンの上段で12〜15分、チーズが溶けて、生地の周りに焦げ色がつくまで焼く。

切り口は……

ふわふわ卵パン

ふんわりソフトでお菓子みたいなパン。
いっぱい泡立てた卵の力でふくらませます。

* 材料
5.5×12cm、深さ4.5cmの
アルミローフ型2個分
米粉……60g
卵……大2個（120g）
砂糖……30g
塩……2つまみ
バター（食塩不使用）……大さじ1

* 作り方

1 下準備する

ローフ型の内側に溶かしバター（材料表外）をぬって冷蔵庫で冷やす。バターが固まったら、型の底の大きさに切ったクッキングシートを敷く。側面には米粉（材料表外）をふるいかけ、余分な粉は落とす。

2 卵液を泡立てる

直径21cmの耐熱ボウルに、卵、砂糖、塩を入れる。ひとまわり小さいボウルに熱湯を1/3量入れて、耐熱のボウルをのせ、ハンドミキサーの高速で4倍の量になるまで泡立てる（写真Ⓐ）。ボウルを湯からはずし、さらにハンドミキサーの高速で2分、自然に冷ましながら泡立てる。

3 溶かしバターを作る

小さい耐熱容器にバターを入れ、ラップをして、電子レンジ600Wで20秒（500Wで30秒）加熱して溶かす。

4 混ぜる

2に米粉の1/2量を加え、泡立て器で混ぜる（写真Ⓑ）。3の溶かしバターを加えて混ぜる。残りの米粉を加え、さらに泡立て器で混ぜる。

5 型に流す

生地を準備した型に等分に流し、それぞれ型の底を台に打ちつけて余分な空気を抜く。

6 焼く

180℃に温めたオーブンで20〜25分焼く。粗熱がとれたら、型からはずす。

切り口は……

混ぜるだけ食パン

水分の多い生地が特徴で、やさしい焼き上がり。
成形がしにくいので、型に入れて焼きましょう。

✻ 材料
8.5×14.5cm、深さ5cmの
アルミローフ型1個分
製パン用米粉……200g
牛乳……200ml
バター……大さじ1
塩……小さじ1/2
砂糖……大さじ1
ドライイースト……小さじ1と1/2

✻ 作り方

1 温める
1辺が14cm程度の耐熱樹脂容器（「ジップロックコンテナー」Ⓡ角大）に牛乳とバターを入れ、電子レンジ600Wで1分（500Wで1分10秒）、人肌（約37℃）程度に加熱する（写真Ⓐ）。

2 生地を作る
箸で混ぜて、バターを溶かす。塩と砂糖を加えてさらに混ぜる。ドライイーストと米粉の1/3量を加えて、なめらかになるまで混ぜる。残りの米粉を加えて、全体がなめらかになるまで、ぐるぐると混ぜる（写真Ⓑ）。

3 一次発酵
ふたをしないで、電子レンジ弱（100〜200W）、または解凍キーに30秒かける。電子レンジより取り出して、箸でもうひと混ぜする。ふたをかぶせ、2倍にふくれるまで10分おく。

4 二次発酵
ゴムべらで混ぜてガス抜きし、もう一度電子レンジ弱（100〜200W）、または解凍キーに30秒かける。クッキングシートを敷いたアルミローフ型に生地を移し、発泡スチロールの箱をかぶせ、暖かい場所で約2倍にふくれるまで10〜20分ほどおく。

5 焼く
天板にローフ型をのせ、180℃に温めたオーブンで20〜25分、きつね色になるまで焼く。

切り口は……

アレルギー対応食パン

小麦粉、卵、乳製品で
アレルギーを起こすお子さんに、
米粉を使って安心して食べられる
パンを工夫しました。

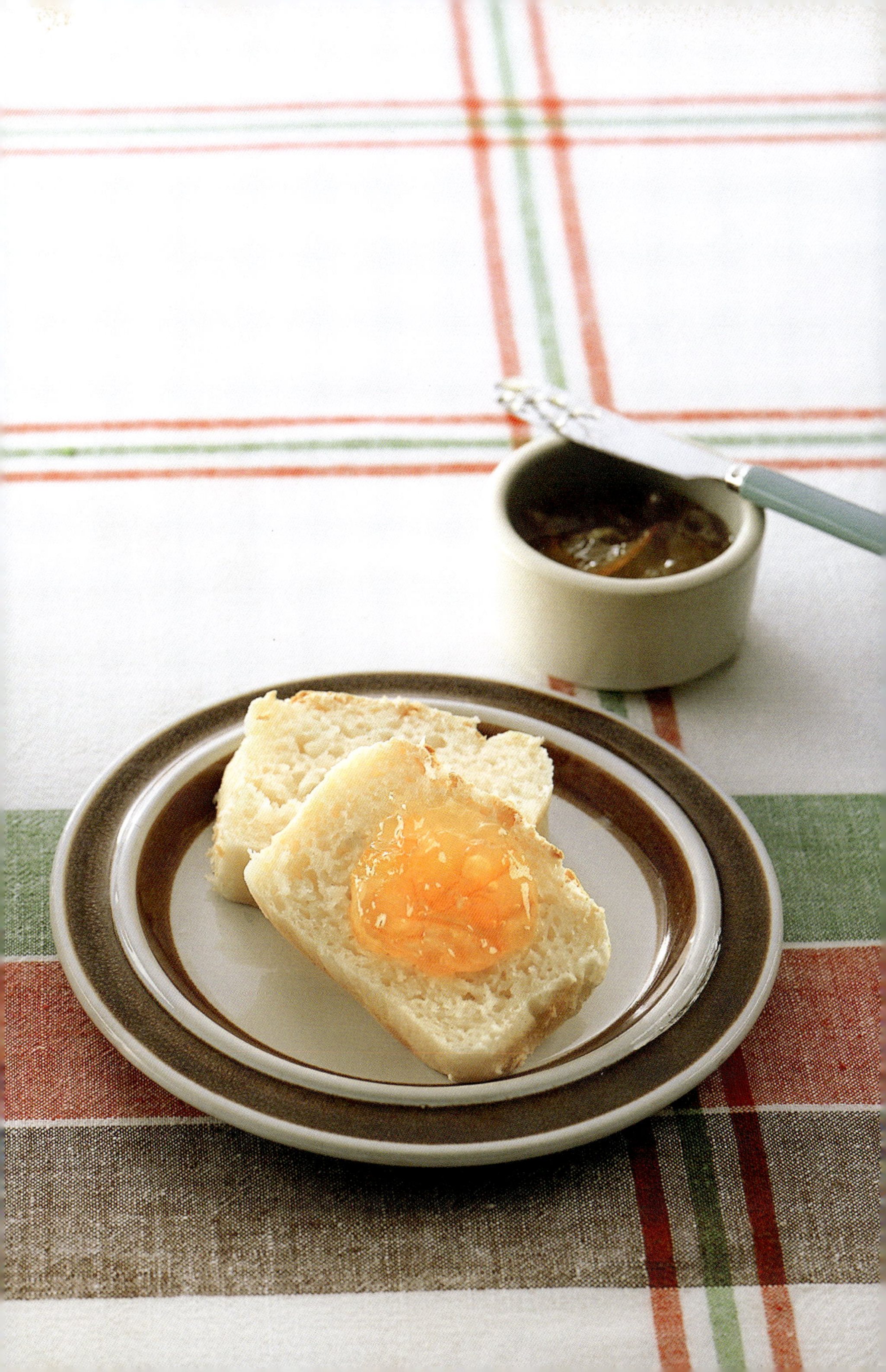

✱ 材料

8.5×14.5cm、深さ5cmの
アルミローフ型1個分

米粉……140g
ぬるま湯……30ml
砂糖……大さじ1
ドライイースト……小さじ1
長いも（すりおろして）……100g
サラダ油……大さじ1
塩……小さじ1/2
ベーキングパウダー……小さじ1

切り口は……

1 予備発酵1

1辺が14cm程度の耐熱樹脂容器（「ジップロックコンテナー」®角大）にぬるま湯を注ぎ、砂糖とドライイーストを加える。

2 予備発酵2

イーストを広げ、そのまま5分おいて予備発酵、表面がプクプクとした感じになってくる。

3 長いもがポイント

2にすりおろした長いもを加える。

4 混ぜる

箸でぐるぐると混ぜる。サラダ油、塩を順に加え、その都度、箸で混ぜる。

5 混ぜる
米粉の半量とベーキングパウダーを加え、箸でよく混ぜる。

6 生地を仕上げる
残りの米粉を加えてしっかりと混ぜる。箸ですくって、ゆっくりと落ちるくらいの硬さの生地にする。

7 一次発酵
電子レンジ弱（100〜200W）、または解凍キーで30秒加熱する。ふたをして、発泡スチロールの箱をかぶせ、暖かい場所で約2倍にふくれるまでおく。打ち粉をした台に取り出し、10×20cmにのばし、手前からくるくる巻く。

8 二次発酵・レンジにかける
14×20cmに切ったクッキングペーパーの上に置き、電子レンジ弱（100〜200W）、または解凍キーで30秒加熱する。

9 二次発酵・ねかせる
クッキングペーパーごとアルミローフ型に移す。発泡スチロールの箱をかぶせ、暖かい場所で約2倍にふくれるまでおく。

10 焼く
天板にローフ型をのせ、180℃に温めたオーブンで25〜30分、十分にふくらんで完全に火が通るまで焼く。

米粉パン

Q1 うまくふくらまず、生地がぼそぼそに？

A 成形した後、二次発酵させるとき多い失敗です。米粉パンの生地はとても乾燥しやすいので、必ず乾燥防止の対策をして、オーブンの近くなど暖かい場所で発酵させましょう。私はりんごなどが入ってきた発泡スチロールの箱をきれいに洗って使用しています。これなら天板にすっぽりとかぶせられて、乾燥が防げるうえに、保温の役目もしてくれます。

Q2 家族が多いので、生地を2～3倍量で作りたい？

A 一度に多く作りたい気持ちはわかりますが、このパン生地の場合は、2倍くらいを目安にしたほうが、失敗が少ないようです。以下、2倍量のポイントです。
●米粉だけでなく、材料をすべて2倍量にする。
●牛乳にバターを入れて温めるときは、人肌程度を目安に、レンジにかける時間を少し長くする。
●粉量が多いので、4回くらいに分けて加える。箸で同じように混ぜてよい。
●発酵させるときの、レンジにかける時間は基本と同じ。量が多いからといって長くしない。

質問箱

Q3 米粉パン生地は冷凍保存できますか?

A もちろんできます。一次発酵させて成形してから、クッキングシートを敷いたバットに並べます。乾燥しないようにバットごとポリ袋などに入れて冷凍庫へ。

冷凍したパンの焼き方です。ポリ袋から出し、クッキングシートを敷いた電子レンジ対応の平皿に並べます。ラップはかけないで、電子レンジ弱（100〜200W）、または解凍キーで4分（基本のパン生地量の場合）かけて、半解凍させます。クッキングシートごと天板に移し、10分くらい室温においてから、基本同様にオーブンで焼きます。

Q4 形がうまく作れません?

A 米粉のパン生地は小麦粉の生地に比べて、でんぷんを多く含みます。でんぷんは分解するとブドウ糖になり、発酵が進むと、生地がやわらかくなって横に広がりやすい傾向があります。初心者には扱いが難しいので、無理に丸くまとめようとしないで、二次発酵後はアルミローフ型やアルミカップ、プリンカップなどを使用したほうがいいでしょう。

米粉パン質問箱

Q5 焼いたパンが冷めてしまったら?

A 電子レンジで温め直すのが一番です。冷蔵のプチパン1個につき、電子レンジ600Wで10秒(500Wで15秒)を目安にしてください。その際、霧を吹きかけたり、ラップで包む必要はありません。

Q6 バゲットのようなパンは作れますか?

A 小麦粉で作るような、気泡がいっぱい入るタイプのバゲットは少し無理。でも、細長く成形して焼くことは可能です。パリパリの皮が香ばしいパンが楽しめますよ。
その場合、細長く形を作ったら、長方形に切ったクッキングシートの対角線上に置いて、もう一方の対角線上のシートを中央で結びます。これを天板にのせ、発泡スチロールの箱をかぶせて二次発酵させます。焼き時間は200℃のオーブンで12〜15分。

米粉のお菓子

スポンジ生地もパウンド生地も、
米粉で作るとふわふわと軽い仕上がり。
混ぜても粘りが出ないのが特徴の粉だから、
神経を使わず、
ぐるぐる混ぜても大丈夫なところもうれしいですね。
おなじみのロールケーキやチーズケーキ、
ブラウニーなどなど、
米粉主役で新鮮なおいしさを楽しみましょう。

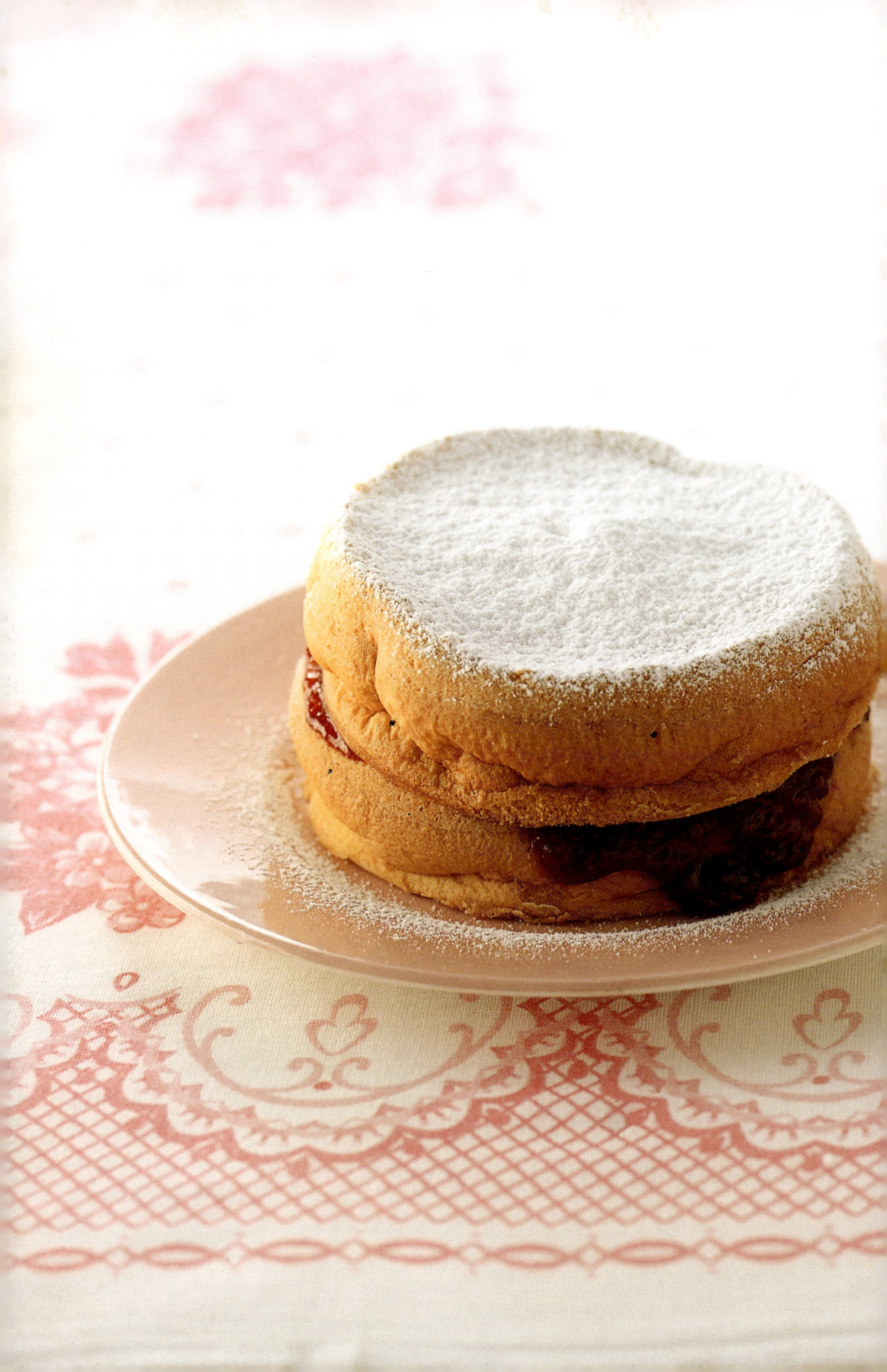

ヴィクトリアサンドケーキ

米粉で作るスポンジケーキは、
とびきり軽く、ふかふかの焼き上がり。
生地のおいしさをシンプルに味わう、
クラシックなお菓子です。

※ 材料
できあがり直径12cm、高さ8cmのもの
1個分（ケーキ型2個分）

スポンジケーキ生地
　米粉……60g
　卵……大2個（120g）
　砂糖……60g
　バニラエッセンス……5滴
　バター（食塩不使用）……大さじ1
　水……大さじ1
A ┌ ラズベリージャム……80g
　 └ グランマルニエ（オレンジの
　　　リキュール）……小さじ1
粉砂糖……適量

1 下準備する

直径12cm、高さ5cmのケーキ型を2個用意する。内側に溶かしバター（材料表外）をぬって冷蔵庫で冷やす。バターが固まったら、型の底の大きさに切ったクッキングシートを敷く。側面には米粉（材料表外）をふるいかけ、余分な粉は落とす。

2 卵液を泡立てる

直径18cmの耐熱ボウルに、卵、砂糖、バニラエッセンスを入れる。ひとまわり小さいボウルに熱湯を1/3量入れて、耐熱ボウルをのせる。ハンドミキサーの高速で4倍の量になるまで泡立てる。

3 さらに泡立てる

ボウルを湯からはずし、さらにハンドミキサーの高速で2分、自然に冷ましながら泡立てる。

4 バター湯を作る

小さい耐熱容器にバターと水を入れ、ラップをかけずに、電子レンジ600Wで30秒（500Wで40秒）加熱して、バターを溶かし、バター湯を作る。

5 粉を加える

3に米粉の1/2量を加え、泡立て器でよく混ぜる。

6 生地を仕上げる

4のバター湯を加えて混ぜる。残りの米粉を加え、さらに泡立て器で混ぜて、生地を仕上げる。

7 型に流す

生地を準備した型に等分に流す。

切り口は……

8 焼く

それぞれ型の底を台にトントンと打ちつけて、余分な空気を抜く。天板にのせ、160℃に温めたオーブンで25〜30分焼く。

9 型からはずす

ラズベリージャムにグランマルニエを加えて、よく混ぜる。型からはずして、ケーキクーラーにのせる。もう1枚も同様にする。粗熱がとれたら1枚のスポンジケーキの上に、ジャムをスプーンで平らにぬる。

10 仕上げる

もう1枚のスポンジケーキを重ねる。しばらくおいてジャムをなじませる。いただく直前に、上に粉砂糖をこし器でたっぷりとふりかける。

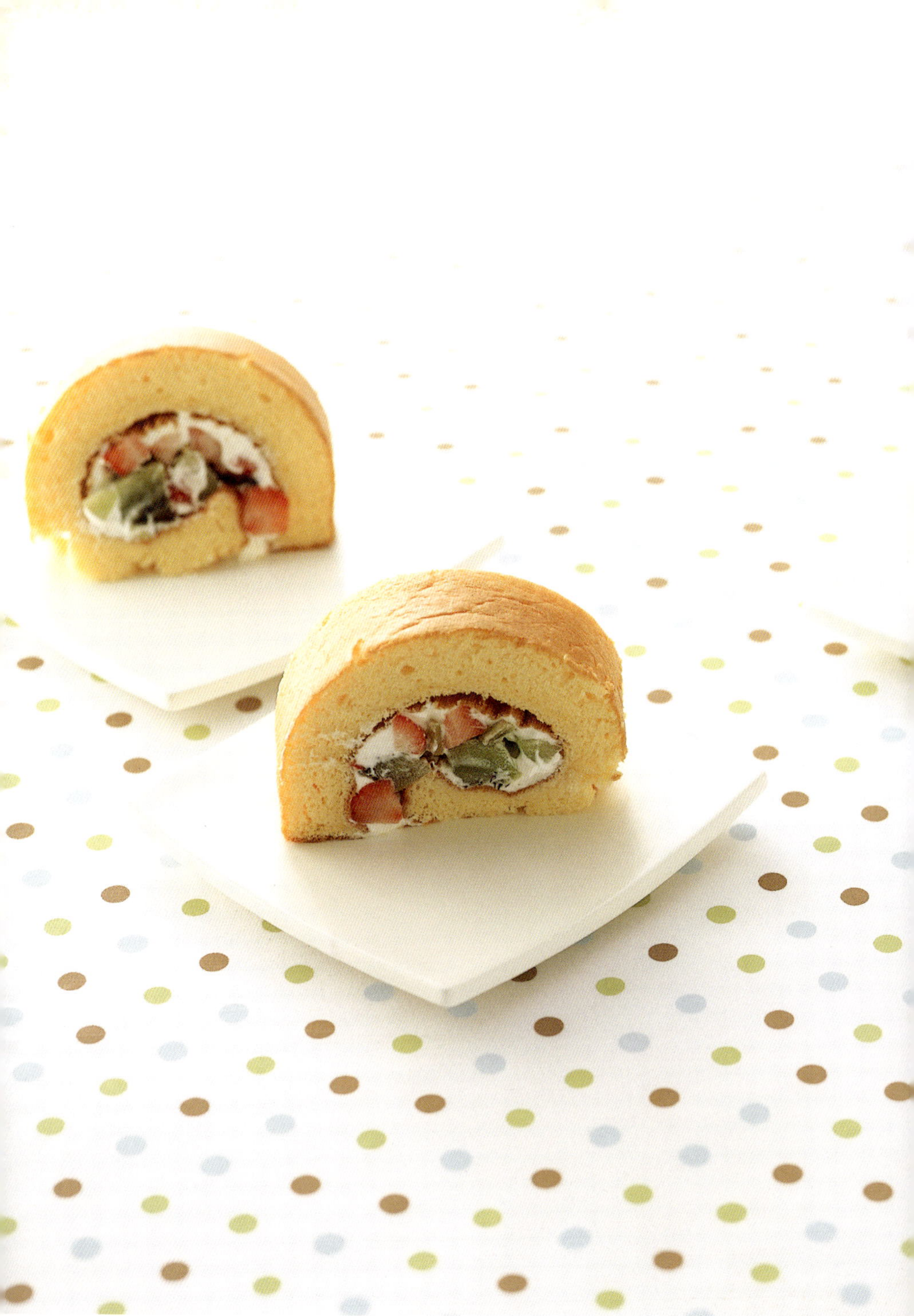

ロールケーキ

口当たりのやわらかい生地に、クリームとフルーツが、たっぷり詰まったロールケーキ。人気のおやつの代表。

✻ 材料
直径6cm、長さ24cmのもの1本分／6ピース分

ケーキ生地
　米粉……60g
　卵……大2個（120g）
　砂糖……60g
　バニラエッセンス……少々
　バター（食塩不使用）……大さじ1
　水……大さじ1
ホイップクリーム
　生クリーム……100ml
　砂糖……大さじ1
フルーツ
　いちご……6個
　キウイ……1個

切り口は……

1 下準備する

21×27cm、深さ3.5cmのアルミのバットを逆さにして、シリコーンコーティングのアルミホイルをかぶせて型をとる。バットをもとの状態に置き直し、そのアルミホイルを中に敷く。いちごはへたを取り、1cm角に切る。キウイは皮と芯を取り、1cm角に切る。

2 卵液を泡立てる

直径18cmの耐熱ボウルに、卵、砂糖、バニラエッセンスを入れる。ひとまわり小さいボウルに熱湯を1/3量入れて、耐熱ボウルをのせ、ハンドミキサーの高速で4倍の量になるまで泡立てる。ボウルを湯からはずし、さらにハンドミキサーの高速で2分、自然に冷ましながら泡立てる。

3 バター湯を作る

小さい耐熱容器にバターと水を入れ、ラップをかけずに、電子レンジ600Wで30秒（500Wで40秒）加熱して、バターを溶かし、バター湯を作る。

4 粉を加える

2に米粉の1/2量を加え、泡立て器で混ぜる。米粉はきめが細かいのでふるわなくてもよい。

5 生地を仕上げる

3のバター湯の半量を加えて混ぜる。残りの米粉を加え、泡立て器で混ぜ、さらに残りのバター湯も加え混ぜて、生地を仕上げる。

6 焼く

生地を準備したバッドに流し、底を台に打ちつけて余分な空気を抜く。200℃のオーブンの上段で12分焼く。竹串を刺し、生地がついてこなければ焼き上がり。まな板にクッキングシートを敷き、その上にバットを逆さにして、生地を取り出す。クッキングシートを上にもかぶせて冷ます。

7 クリームをぬる

ボウルに生クリームと砂糖を入れ、氷水を張ったバットにのせて、ハンドミキサーで全体をかたく泡立てる。まな板にクッキングシートを広げ、スポンジ生地の焼き目のついた面を上にして置く。生クリームを均等に塗る。ペティナイフで1～2cm間隔に浅く切りこみを入れる。

8 フルーツをのせる

手前と奥を5cmほど残して、中央にフルーツを広げてのせる。

9 巻く

クッキングシートごと手前を持ち上げて、クッキングシートをはがしながら、生地を手前から巻いていく。

10 仕上げる

最後まで巻いたら、クッキングシートの左右をきっちりと絞って、円筒形に形を整える。上からラップを巻き、冷蔵庫でしばらく冷やして形をなじませる。ラップとシートをはずし、両端を切り落として、6等分に切り分ける。

※ 材料
8.5×14.5cm、深さ5cmの
アルミローフ型1個分／6ピース分

A ┌ 米粉……70g
　├ 塩……小さじ1/4
　└ ベーキングパウダー
　　　……小さじ1/2
卵……大1個（60g）
砂糖……60g
バニラエッセンス……少々
生クリーム……60g
ドライフルーツ
　ドレンドチェリー……3個
　レーズン……20g
　アプリコット（ハーフ）……3個
　オレンジピール……20g
　レモンピール……20g
あんずジャム……少々

※ 作り方

1 下準備する

Aは合わせてふるう。型に溶かしバター（材料表外）をぬって冷蔵庫で冷やす。バターが固まったら、両サイドが2〜3cmはみ出るようにして、型にクッキングシートを敷く。ドライフルーツは飾り用に1/3量ほど取りわける。残りのチェリー2個は半分に切る。レーズンはそのまま使用する。その他のドライフルーツは細かく刻む。いっしょにして、ざっと水洗いしてざるに上げる。

2 卵液を泡立てる

直径18cmの耐熱ボウルに卵、砂糖、バニラエッセンスを入れる。ひとまわり小さいボウルに熱湯を1/3量入れて、耐熱ボウルをのせ、ハンドミキサーの高速で4倍の量になるまで泡立てる。ボウルを湯からはずし、さらにハンドミキサーの高速で1分、泡立てを続けながら冷ます。

3 生クリームを泡立てる

生クリームを別のボウルに入れ、しっかりとかたく泡立てる。

4 混ぜる

2にふるったAの半量を加え、泡立て器で混ぜる。続いて3の半量を加えて混ぜる（写真Ⓐ）。全体がなじんだら、残りのA、残りの3の順に加えてしっかりと混ぜる。ドライフルーツを加えて混ぜ（写真Ⓑ）、用意した型に流す。

5 焼く

160℃に温めたオーブンの中段で25〜30分かけて焼く。竹串を刺してみて、何もついてこなければよい。粗熱がとれたら型から出し、あんずジャムをぬり、取り分けておいたドライフルーツを大きめに切って飾る。

切り口は……

パウンドケーキ

バターの代わりにホイップした生クリームを
加えるのがポイント。こくがありながら、軽い口当たり。

チョコレートとレーズンの
ブラウニー

材料をぐるぐると混ぜ、焼きっぱなしでOK。
粉砂糖をたっぷりふるのは、アメリカ流。

∗ 材料

21×27cm、深さ3.5cmの
アルミバット1個分／9ピース分

A ┌ 米粉……100g
  │ ココア……20g
  │ 塩……小さじ1/5
  │ ベーキングパウダー
  └ ……小さじ1/2
バター……80g
卵……大2個（120g）
砂糖……120g
バニラエッセンス……少々
水……約大さじ3
混ぜる具
　　レーズン……50g
　　アーモンドスライス……20g
　　チョコレートチップ……40g
粉砂糖……適量

∗ 作り方

1 下準備する

アルミバットの内側に、シリコーンコーティングのアルミホイルを敷く。Aは合わせてふるう（写真Ⓐ）。レーズンはざっと水洗いしてから、フライパンでからいりする。アーモンドスライスも薄く色づくくらいにからいりする。

2 溶かしバターを作る

バターは耐熱ボウルに入れ、ラップをかけ、電子レンジの600Wで30秒（500Wで40秒）くらいかけて溶かす。

3 卵液を泡立てる

直径18cmの耐熱ボウルに卵、砂糖、バニラエッセンスを入れる。ひとまわり小さいボウルに熱湯を1/3量入れて、耐熱ボウルをのせ、ハンドミキサーの高速で4倍の量になるまで泡立てる。ボウルを湯からはずし、さらにハンドミキサーの高速で2分、泡立てを続けながら冷ます。

4 混ぜる

3にふるったAの半量を加え、泡立て器で混ぜる。続いて溶かしバターの半量を加えて混ぜる。残りのA、残りの溶かしバターの順に加えてよく混ぜる。この後、生地を泡立て器ですくい上げたとき、するすると線になって落ちるくらいの硬さになるよう（写真Ⓑ）、水を調整しながら加える。使用するバターによって、水の量は違ってくる。

5 具を混ぜる

レーズン、チョコレート、アーモンドは手でざっと砕いて加え混ぜる。用意したバットに流す。

6 焼く

160℃に温めたオーブンの中段で約20分焼く。竹串を刺してみて、生地がついてこなければよい。粗熱がとれたらバットから出し、粉砂糖をこし器でたっぷりふって切り分ける。

＊材料
直径18cm、高さ2cmの
パイ皿1個分／6ピース
基本の米粉パン生地（12ページ）
　　製パン用米粉……100g
　　牛乳……90ml
　　バター……小さじ2（8g）
　　塩……小さじ1/5（1g）
　　砂糖……大さじ1（9g）
　　ドライイースト……小さじ1（4g）
打ち粉用の米粉……適量
チーズクリーム
A ┌ 卵黄……1個分
　│ マスカルポーネチーズ……100g
　│ パルメザンチーズ……50g
　│ 砂糖……大さじ2
　│ 米粉……大さじ1
　└ バニラエッセンス……5滴

＊作り方

1 下準備する

パイ皿に溶かしバター（材料表外）をぬり、冷蔵庫で冷やしておく。

2 パン生地を作る

12ページの作り方に従って、基本の米粉パン生地を作る。作り方8まで同様にする。打ち粉をしたまな板に生地をのせて上下を返し、全体に打ち粉をつけて、ざっと丸く形を整える。フォークでところどころを刺して空気穴を開け、めん棒で直径22cmにのばす。

3 パイ皿に敷く

用意したパイ皿に2を敷き込む（写真Ⓐ）。米粉をつけた指でしっかりと縁がはみ出さないようにつける。

4 チーズクリームを作る

ボウルにAの卵黄、マスカルポーネ、おろしたパルメザンチーズ、砂糖、米粉、バニラエッセンスの順に入れて、ゴムべらでなめらかになるまで混ぜる。3のパン生地の上に流す（写真Ⓑ）。

5 焼く

200℃に温めたオーブンで15〜20分、生地が十分にふくらんできつね色になり、チーズクリームに火が通るまで焼く。

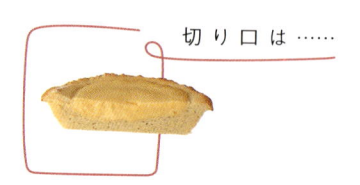

切り口は……

チーズケーキ

大好きなお菓子も米粉のパン生地で新鮮。
チーズクリームはとてもクリーミーな仕上がり。

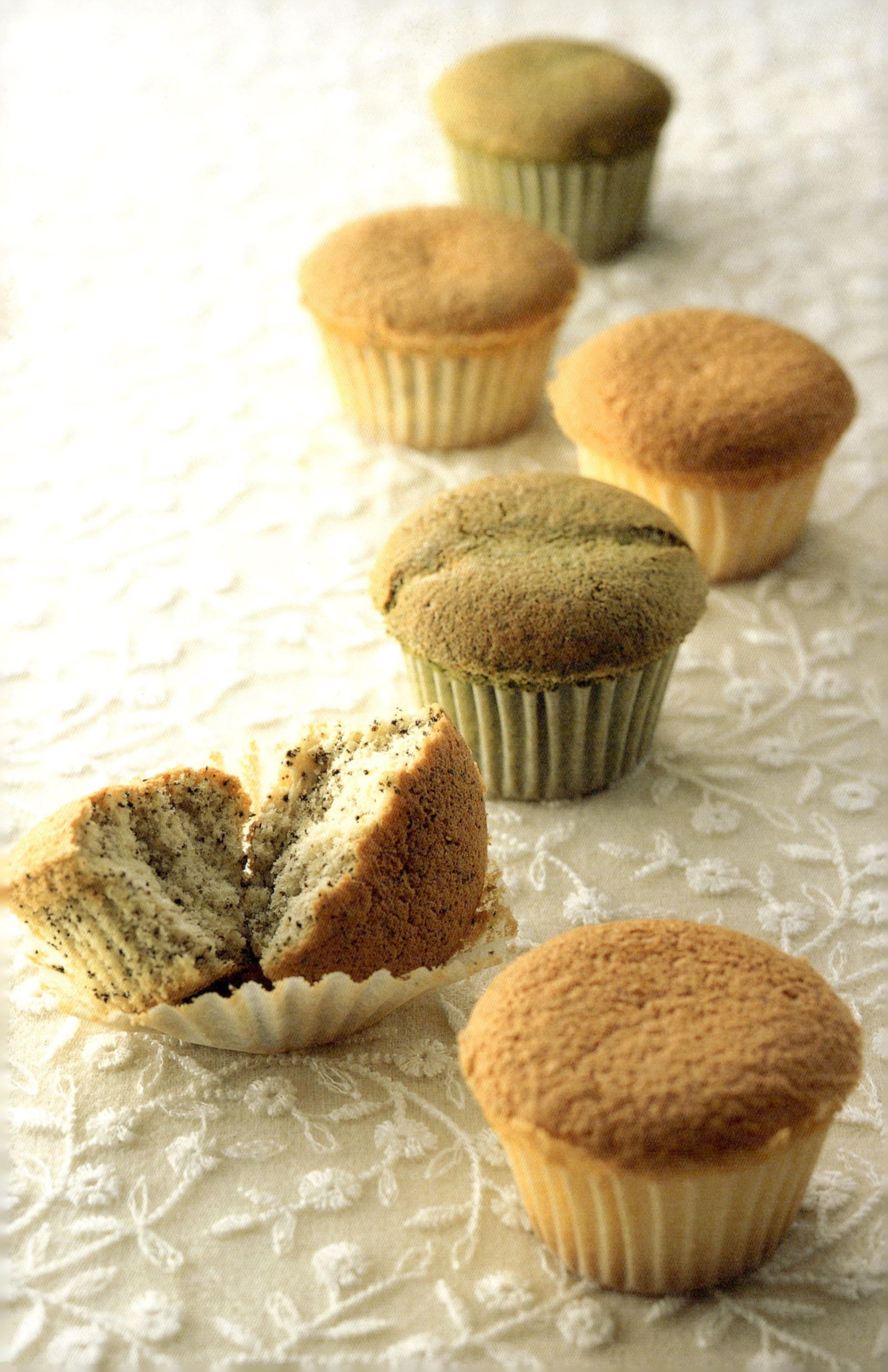

カップケーキ3種

プレーン、抹茶、紅茶の3種の味を楽しみます。
米粉はふるわなくても、泡立てた卵とよくなじみます。

✻ 材料
75mlのプリンカップ9個分

基本生地
　米粉……60g
　卵……大2個（120g）
　砂糖……60g
　バニラエッセンス……少々
　バター（食塩不使用）……大さじ1
　水……大さじ1
抹茶……小さじ1
紅茶（ティーバッグの葉）……1袋

✻ 作り方

1 下準備する
プリンカップ9個に紙カップ、またはアルミケースを敷いておく。

2 卵液を泡立てる
直径18cmの耐熱ボウルに、卵、砂糖、バニラエッセンスを入れる。ひとまわり小さいボウルに熱湯を1/3量くらい入れて、耐熱ボウルをのせ、ハンドミキサーの高速で4倍の量になるまで泡立てる。ボウルを湯からはずし、さらにハンドミキサーの高速で2分、自然に冷ましながら泡立てる。

3 バター湯を作る
小さい耐熱容器にバターと水を入れ、ラップをかけずに、電子レンジの600Wで30秒（500Wで40秒）加熱する。

4 混ぜる
2に米粉の半量を加え、泡立て器で混ぜる。続いて3の半量を加えてしっかりと混ぜる。残りの米粉、残りの3の順に加えて混ぜ、その生地を3等分する。

5 抹茶、紅茶を混ぜる
1/3量には抹茶を、1/3量には紅茶の葉を加えて混ぜる（写真Ⓐ）。それぞれ3個ずつ、用意したカップに流し（写真Ⓑ）、トントンと型の底を台に打ちつけて余分な空気を抜く。

6 焼く
200℃に温めたオーブンの上段で12〜15分焼く。粗熱がとれたら型から取り出す。

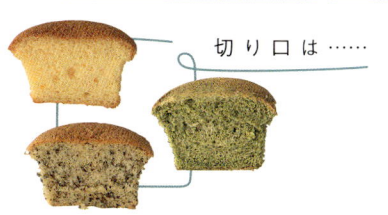

切り口は……

米粉のきなこドーナッツ

手作りおやつの代表も米粉パン生地で作ります。
あっという間になくなって、「おかわり」のリクエスト。

✳ 材料

12個分

基本の米粉パン生地（12ページ）
　製パン用米粉……100g
　牛乳……90ml
　バター……小さじ2（8g）
　塩……小さじ1/5（1g）
　砂糖……大さじ1（9g）
　ドライイースト……小さじ1（4g）
打ち粉用の米粉……適量
揚げ油……適量
A ┌ きな粉……大さじ1
　└ 砂糖……大さじ2

✳ 作り方

1 下準備する

12ページの作り方に従って、基本の米粉パン生地を作る。作り方8まで同様にする。打ち粉をしたまな板に生地をのせて上下を返し、全体に打ち粉をつけて、12等分する。

2 成形する

手に打ち粉をつけ、それぞれ手ではさんで直径1cm、長さ10cmにのばす。それを輪にして、端をしっかりととめる（写真Ⓐ）。

3 揚げる

フライパンに揚げ油を深さ1〜1.5cm入れ、140〜150℃の低温に温める。2を成形したらすぐに、順々に入れる（写真Ⓑ）。上下をときどき返しながら、約2倍にふくらみ、きつね色になるまで揚げ、油をきる。

4 きなこをまぶす

ポリ袋にAを入れ、3を入れて、袋の口を閉じてかるくふって、きなこをまぶす（写真Ⓒ）。

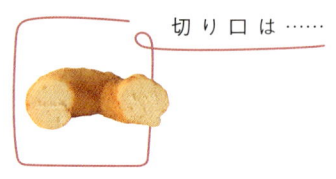

切り口は……

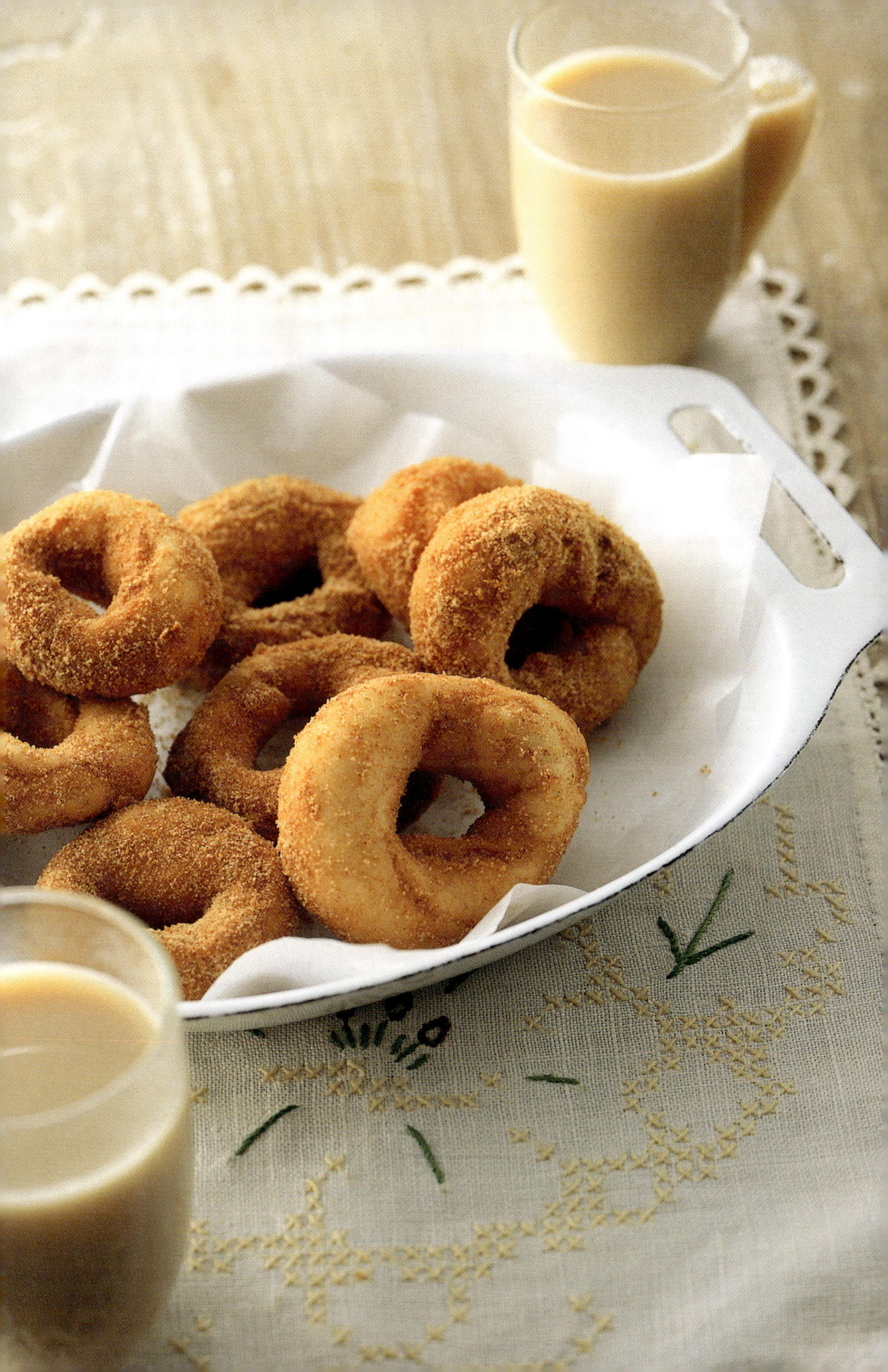

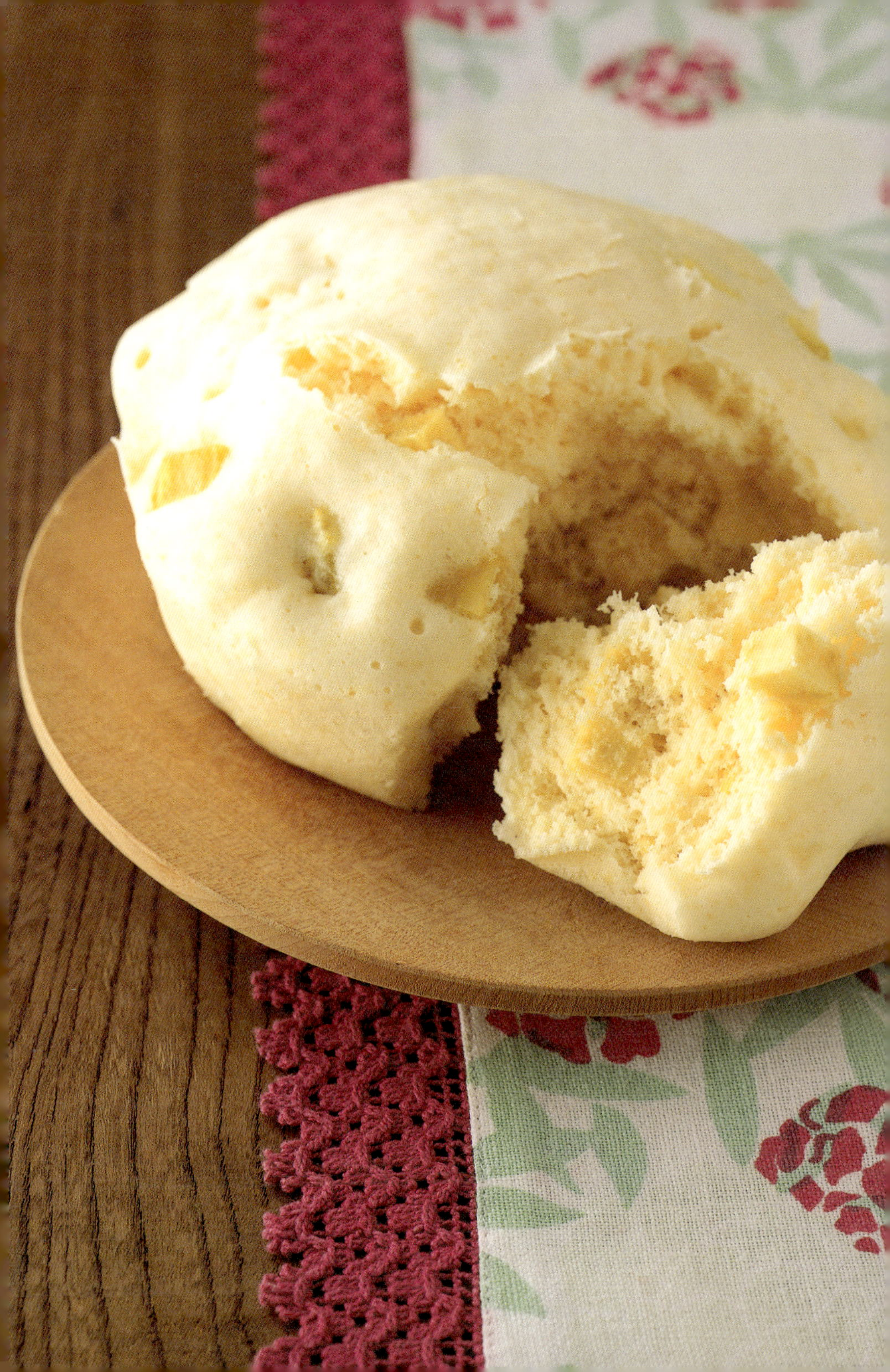

さつまいもの蒸しケーキ

米粉は蒸し菓子にももってこいの材料。
しっとり、もちもち、絶品の仕上がりです。

✻ 材料
直径15cm、深さ6cmの
ステンレスのざる1個分／6ピース

A ┬ 米粉……90g
　├ ベーキングパウダー……小さじ1
　└ 塩……少々
さつまいも……150g
卵……大1個（60g）
砂糖……60g
バニラエッセンス……少々
牛乳……50ml

✻ 作り方

1 下準備する

Aは合わせてふるっておく。さつまいもは皮をむき、1〜1.5cm角に切り、水にしばらく放してアクを抜く（写真Ⓐ）。ざるに上げて水けをきる。クッキングシートを直径20cmの円形に切り、十字に4つに折り、折りすじにそって4cmずつ切り込みを入れて、ステンレスのざるに敷く。

2 卵液を泡立てる

直径18cmの耐熱ボウルに、卵、砂糖、バニラエッセンスを入れる。ひとまわり小さいボウルに熱湯を1/3量くらい入れて、耐熱ボウルをのせ、ハンドミキサーの高速で4倍の量になるまで泡立てる。ボウルを湯からはずし、さらにハンドミキサーの高速で1分、自然に冷ましながら泡立てる。

3 生地を仕上げる

ふるったAの半量を加え、泡立て器で混ぜる。牛乳を加えてさらに混ぜる。残りのAを加え、泡立て器で混ぜ、さつまいもを加えて混ぜる。

4 蒸す

用意したざるに3を流し（写真Ⓑ）、蒸気の上がっている蒸し器で10〜12分加熱する。竹串を刺してみて、生地がついてこなければよい。ざるから取り出し、クッキングシートをはずして6等分に切り分ける。

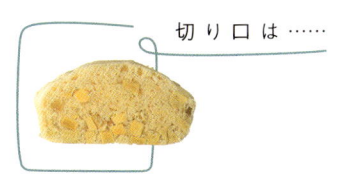

切り口は……

村　上　祥　子

むらかみ さちこ　料理研究家・管理栄養士
東京と福岡でクッキングスタジオを主宰。
テレビ、出版、商品開発、大学講師及び各料理教室講師、
食のイベントの講演など、幅広く活躍する。
「食育」にも力を入れており、3歳児からの料理教室も主宰している。
和、洋、中華のジャンルを問わず、また、お菓子や保存食なども含め、
多方面で作りやすくおいしいレシピを日々研究、紹介している。
電子レンジ調理の第一人者でもあり、中でも〝電子レンジ発酵パン〟のレシピには
定評がある。著書に『簡単！電子レンジレシピ100』
『電子レンジで30秒発酵のこねない焼くだけかんたんパン決定版』
『電子レンジ超早っ！　レシピ105』（すべて小社刊）など多数。
http//www.murakami-s.com

調理助手●（株）ムラカミアソシエーツ
別府めぐみ、長友藍子、古城佳代子、横田美子

撮影●鈴木雅也
スタイリスト●吉岡彰子
デザイン●野田明果
構成・編集●田川礼子
編集担当●佐藤玖美（永岡書店）

すぐ作れて、もちもちおいしい♥
簡単！　国産米粉のパン＆お菓子

著者●村上祥子
発行者●永岡修一
発行所●株式会社　永岡書店
　　　　〒176-8518 東京都練馬区豊玉上1-7-14
　　　　代表：03-3992-5155
　　　　編集：03-3992-7191
ＤＴＰ●編集室クルー
印刷●末広印刷
製本●ヤマナカ製本

ISBN978-4-522-42599-2　C 2077
落丁本、乱丁本はお取り替えいたします。
本書の無断複写、複製、転載を禁じます。①